Kevin's English Room

全米が納得！

★★★

リアルにも
ほどがある
アメリカグルメ

作ってみたぁ〜！

できたよ！
『リアルすぎる アメリカ料理のレシピ本』

アメリカ育ちのバイリンガル「ケビン」と、企画を担当するIQ140の「かけ」、英語に加えフランス語も話せる「やま」の3人組YouTuber「Kevin's English Room」。2019年末からYouTubeへの動画投稿を始め、約4年。英語をはじめ海外と日本のちょっとした文化の違いを楽しく紹介するスタイルが人気を博し、今や登録者数は200万人以上に。

なかでもひときわ力を入れており、毎回大きな反響を呼ぶのが「食べ物シリーズ」。アメリカでは当たり前だけど、日本ではなかなかお目にかかれない料理やお菓子を3人自ら調べ、作ったり食べたりするのだけれど、これが成功するものもあれば失敗することもまま多い。「リベンジします！」と言い残し、結局どうなったのか気になるリスナーも多いことでしょう。

今回はそれらを一斉回収。1mmたりとも忖度なし、なんなら全米の人たちを納得させるレシピへと仕上げました。リベンジ案件だけでなく「おいしかった、これは皆さんにぜひお届けしたい」というものもピックアップしてお届けします。

動画をこれまでごらんいただいたリスナーの方々にはこの「着地点」を見届けていただき、アメリカ料理ってなんだろう？と興味関心をいだき手にとってくださった方々には「これぞ本場」を知っていただけることでしょう！

ピザやハンバーガー、もちろん出てきます。なんじゃこれ！知らなかった！なものも、出てきます。Kevin's English Roomによる汗と涙（？）がつまった一冊をぜひお楽しみください！

Contents

PART 1 定番すぎるアメリカグルメを作ってみたぁ～！

PART 2 定番すぎるアメリカスイーツを作ってみたぁ～！

やってみよう！
1週間アメリカ食生活

本書をスムーズに読み進めるための、予備知識

用意しておくとスムーズな材料一覧

中力粉 日本の小麦粉と同等の頻度で使用

コーンミール ピザやマフィンの周りについている
あのつぶつぶ

シラチャーソース、ホットソース やや味つけされている辛いソース
アメリカで大人気

Jell-O アメリカで製造・販売されている味つきゼラチン。
今回はレモン味とライム味が必須

水あめ コーンシロップの代用品

セロリソルト、チリパウダー、パプリカパウダー 複雑な味を
表現するのによく使う

使用上の注意
- フライパンは原則としてフッ素樹脂加工のものを使用しています。
- 小さじ1は5㎖、大さじ1は15㎖です。
- 火かげんは、特に指定がないかぎり、中火で調理しています。
- 野菜類は、特に指定がない場合は、洗う、皮をむくなどの作業をすませてからの手順を説明しています。
- 調味料は、特に指定がない場合は、しょうゆは濃口しょうゆ、砂糖は上白糖、小麦粉は薄力粉を使用しています。
- オーブン、オーブントースターは機種によって加熱時間に多少差がありますので、様子をみてかげんしてください。

アメリカ料理の豆知識

「1カップ」と「1cup」はやや違う

これまでKevin's English Roomがトライしたアメリカ料理の中で、どうも仕上がりがおかしいというものはこのトラップに引っかかっていることがちょいちょい。アメリカのレシピに1cupとあると、1カップだから200ml？と思うけど、これが意外と240ml。こうした分量の違いはちょくちょくあり、アメリカレシピを直訳して挑戦するときは気にして作ってみてね。

僕たち！
Kevin's En

ケビン

アメリカ合衆国はジョージア州出身。アメリカで中学生までを過ごし、高校進学のタイミングから日本で生活している。幼少期から親しんだアメリカ料理ももちろん好きだが意外と和食好き。

やま

高校生の頃フランスに留学経験あり。幼少期から多言語教育を受けていた影響で日本語に加え英語とフランス語を話すことができる。甘いものは苦手。

glish Room
ケビンズ イングリッシュ ルーム

かけ

IQ140でチャンネルの企画や編集も担当している。「甘ぬめり」「工場みたいな匂い」など独特なワードで忖度なくアメリカ料理をレビューしているが意外とアメリカ料理好き。

Kevin's English RoomはYouTubeをはじめとするSNSで2019年末から動画を配信するクリエイター。アメリカ育ちのバイリンガルケビン、企画や編集も担当するIQ140のかけ、英語に加えフランス語も話せるやまの3人組。英語と日本語の間でのちょっとした表現の違いや、アメリカをはじめとする世界の文化を3人なりの視点で発信中。

味に見た目に妥協なし！

定番すぎる アメリカグルメを 作ってみたぁ〜！

アメリカの食べ物といえば何を想像しますか？
ピザ、ハンバーガー、ステーキ、そうですよね。パッと思いつくものはそのくらい。

でも、実は！日本では知られていないアメリカでは超ど定番なグルメがまだまだ存在するんです！このパートでは、味、見た目、量に関して忖度一切なし、研究に研究を重ねた本場のそれを忠実に再現いたしました。あぁ！僕らにはもう聞こえます、皆さんのワクワクの声が。ページをめくって！さぁ！

1

チーズとバターがおりなす
アメリカ版「おふくろの味」

マッケンチーズ

説明しよう!

マッケンチーズとは、アメリカ人の国民食。昨日も今日も晩ごはんがマッケンチーズなんてこともあるくらい。簡単キットのようなものも売っているけど、本場のねっとりマッケンチーズを味わいたければこのレシピを試してみてね!

Mac & Cheese

大量のチーズが
織りなす
ねっとりテクスチャー

チェダーチーズ100g、
バター30gの
背徳的組み合わせ

リアル
すぎる
ポイント

本物のマッケンチーズを食べたいなら、チーズはチェダーを、バターはちゅうちょなくたっぷり使うのが鉄則。アメリカでいう小麦粉は中力粉をさすことが多く、よりねっとりとしたテクスチャーを出せるよ！

作ってみたぁ〜！

> マカロニは
> サラダマカロニでも
> いいね！

作り方

1 マカロニをゆでる！
ゆで汁は少し残す！

なべにたっぷりの湯を沸かし、マカロニを入れて袋の指示どおりにゆでる。ゆで汁を100mlとってからざるに上げて湯をきる。

材料（2人分）

マカロニ…160g
チェダーチーズ…100g
牛乳…200ml
バター…30g
中力粉…大さじ2
塩、パセリのみじん切り
…各適量

2 チーズソースを
手早く作る！

フライパンにバターと中力粉を入れて熱する。バターがとけてきたら粉けがなくなるまで木べらでまぜ、牛乳と**1**のゆで汁を一度に加えてだまにならないよう手早くまぜる。

3 からめて仕上げる！

ふつふつとし、とろみがついてきたらチーズを加えてまぜながらとかす。**1**を加えてからめ、塩を振って味をととのえる。器に盛って、パセリを散らす。

> マカロニがかたいな〜と
> 思ったら水分を少しずつ
> 足したほうがいいかもね

**手軽にやるなら
これもあり！**

こんなマッケンチーズキットも家庭では定番。箱にダイレクトにマカロニが入っているのもなんともアメリカらしい！ 通販や輸入食品店で購入できるよ〜！

no artificial flavors,
preservatives, or dyes

Kraft
mac &
CHEESE

original
flavor

ENLARGED TO
SHOW DETAIL

PER 1/3 BOX (UNPREPARED)

250 CALORIES   1g SAT FAT   560mg SODIUM   9g TOTAL SUGARS

SEE NUTRITION FACTS FOR AS PREPARED

MACARONI & CHEESE SAUCE MIX

NET WT 7.25 OZ (206g)

ソースは1mmたりとも
しみ込ませない
「ザクザクバンズ」

つなぎなし
「肉肉しいパテ」

アメリカナイズ
させたいなら
「トマトは厚切り一択」

アメリカ育ちが推奨！
本気の

HAM-BURGER

説明しよう！

アメリカの国民食といっても過言ではないハンバーガー。日本ではファストフード店とかで買って食べるイメージが強いけれど、現地の人たちは家で作ることもあるよ。ということで、僕らの動画でも紹介した、ケビンがアメリカにいたときによく作って食べていた「ハンバーガー」をちゃんとレシピにしたよ！僕らが納得したこれぞ本場!!って感じの「肉肉しい、規格外」なバーガーを楽しんでみてね〜！

ハンバーガー

作ってみたぁ～！

材料

合いびき肉…400g
トマトの薄切り…2枚
スライスチーズ…2枚
バーガーバンズ…2組
レタス…適量
塩、黒こしょう…各適量
バター…20g

〈バーガーソース〉
　マヨネーズ…大さじ4
　トマトケチャップ…大さじ2
　フレンチマスタード…小さじ1
　ピクルスのみじん切り
　　…大さじ3

下準備

・レタスはちぎって適した大きさにする
・バーガーソースの材料はまぜる
・バンズにバターを塗る

作り方

1 肉をプレスダウン！し、シーズニングする

ひき肉は100gずつラップで包み、上から皿をのせ、バンズと同じ大きさになるまで手で押しつぶす。片面に塩とこしょうを振る。

2 シーズニングアゲイン、チーズをのせて焼く！

フライパンを強火で熱し、1を塩、こしょうを振った面が下になるように並べ入れる。塩、こしょうを振って肉の色が変わったら裏返しチーズをのせる。

肉の下味＝シーズニングは
焼く前にしないと
おいしくならないんだ！
by Gordon Ramsay ※

あたふたするけど
落ち着いて～！

※イギリス人カリスマ料理人。
確かな腕と歯に衣着せぬもの
言いでお茶の間では大人気！

バーガーソース！これはアメリカならではなんだよね。ケチャップとマヨネーズ、マスタードをたっぷり使ってピクルスまで刻んでまぜちゃうよ。アメリカはソースに対してとてもこだわりがあって、なにかとソースを作ったり買ったりしてかける文化が盛んなんだよね！このハンバーガーもぜひどんどん追いソースして楽しんでね！

リアル
すぎる
ポイント

3 バターをたっぷり塗った バンズを、焼く！

別のフライパンを熱し、バンズの切り口が下になるように並べ入れ、全体がふんわりするまで焼く。

ケビンいわく、
ソースがパンにしみちゃう
状態を避けるためにアメリカでは
定番の作業なんだって！
バターの量がこわいよ〜！

4 バーガーソース登場！ 仕上げる！

器に3をのせて、バンズ1枚の焼き目にバーガーソースを塗る。レタス、トマト、2の順にのせてもう一方のバンズをのせる。

ギー-A

ケビンの出身地でもあるジョージア州に本社があるアメリカの人気ファストフード店「Chick-fil-A」。さかのぼると僕らKevin's English Roomが配信を始めた当初から、おすすめのファストフード店の一つとして紹介していたんだ。絶品のチキンフィレサンドを提供するお店だけど、日本には未進出。つまり現地に行かないと食べられない…こんなにおいしいのに…。ということで、今回はアメリカで食べたことがある僕らが監修して、本場の味を再現してみるよ〜！

みたぁ〜！

21

『材料大解剖!!』

卵と水

クリスピーな食感のチキンフィレにすべく、卵と水で卵液を作るよ！

シーズニング

パプリカパウダーやチリパウダーのほかにガーリックパウダーや日本ではあまり見かけないセロリソルトも導入して本格的な味わいを演出！これらはネット通販や輸入食品店で手に入るよ。

ベーキングパウダー

チキンのサクッとした食感感を出すために、僕らのレシピにはプラス！

中力粉

より軽い食感を出すべく、薄力粉ではなく中力粉を使うよ。

ピーナッツオイル &サラダ油

Chick-fil-Aのチキン最大の特徴はこのピーナッツオイル！ 普通のサラダ油では出しえない香ばしい風味と軽い食感を引き出してくれるんだ！ 今回は焦げつきを防ぐべく、サラダ油とハーフ&ハーフに。

鶏むね肉、ピクルスの漬け汁

鶏肉は可能な限り輸入ものを選んで！ ほどよい本場の軽い食感が出やすいよ。軽さに加えて、しっとりとさせるためにピクルスの漬け汁につけるよ！

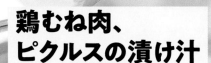

バンズ、バター、ピクルスの薄切り

バンズはなるべく大きめなものがおすすめ！ バターはバンズをカリッとさせ、チキンの油の吸収を抑えるために必須。ピクルスの薄切りはチキンフィレサンドのおへそといっても過言ではないよ！ 忘れないようにね〜。

材料 (2人分)

鶏むね肉 (皮なし)…1枚 (250g)
ピクルスの漬け汁…大さじ2

〈卵液〉
　卵…1個
　水…50ml

〈粉類〉
　中力粉…½カップ (約100g)
　上白糖…大さじ1
　ベーキングパウダー、
　　パプリカパウダー、塩
　　…各小さじ½
　あらびき黒こしょう、
　　ガーリックパウダー
　　…各小さじ¼
　セロリソルト…小さじ⅛
バンズ…2組
バター…20g
ピクルスの薄切り…4切れ
ピーナッツオイル、サラダ油
　　…各適量

下準備
・粉類はボウルに入れてまぜる
・卵液の材料は別のボウルに入れ
　てまぜる

作り方

1 揚げむらをなくすために、チキンをのばす！

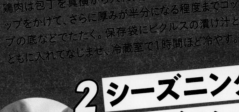

鶏肉は包丁を真横から入れ、厚みを半分にする。ラップをかけて、さらに厚みが半分になる程度までコップの底などでたたく。保存袋にピクルスの漬け汁とともに入れてなじませ、冷蔵室で1時間ほど冷やす。

2 シーズニング、卵液、シーズニング、卵液、シーズニング！

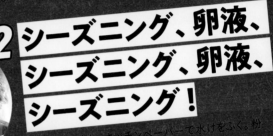

袋からとり出し、キッチンペーパーで水けをふく。粉類を薄くまぶし、卵液にくぐらせる。もう一度繰り返し、粉類をしっかりまぶす。

3 オイルの海にチキンをダイブ！

フライパンにピーナッツオイルとサラダ油を入れ、中温に熱する。2の余分な粉をはたきながら入れ、表面がこんがりとするまで揚げ、油をきる。

4 アルミホイルでチキンサンドを包み、本場のスタイルに！

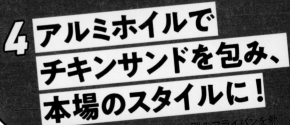

バンズそれぞれにバターを塗る。別のフライパンを熱してバターを塗った面が下になるようにおき、こんがりとするまで焼く。とり出してバンズ1枚にピクルス2切れ、3の順におき、もう1枚を重ねる。

25

完成〜！

これこれ〜！
現地ではマヨネーズを
つけてもらうんだけど、
アメリカのマヨは日本のものより
卵感が弱いんだよね！

セロリソルトの
セロリ感がほどよく
感じられていいね！

Pepper Pizza

アメリカのデリバリーピザの定番、ペパロニピザ。トッピングはペパロニだけと超シンプルながら現地では大人気メニュー。僕らKevin's English Roomに最もなじみがあるお店は「Papa John's Pizza（パパ・ジョンズ・ピザ）」だね！日本にはないけど、アメリカに行ったときにはぜひデリバリーしてみてほしい。オーダーするときの合言葉はもちろん「Extra Pepperoni（エクストラペパロニ）！」で!!

すきまなくちりばめる「エクストラペパロニ」

ペパロニピザ

アメリカ
デリバリーピザの
一番人気

oni ZA

チーズも
「たっぷり
すきまなく」

作ってみたぁ～！

材料（23cm 1枚分）

〈生地〉

A

中力粉…120g

ガーリックパウダー…小さじ1

ハーブソルト…2つまみ

B

イースト…2g

砂糖…小さじ1/3

黒糖…2つまみ

ぬるま湯…80ml

オリーブ油…適量

コーンミール…適量

〈ピザソース〉（作りやすい分量）

トマトピュレ…大さじ7

トマトペースト…大さじ4

トマトケチャップ…大さじ2

上白糖…大さじ2

オレガノ、ガーリックパウダー

…各大さじ1/2

チリパウダー…小さじ1/2

塩…小さじ1

〈トッピング〉

ペパロニ、ピザ用チーズ、

オリーブ油…各適量

〈ガーリックオイル〉

オリーブ油、

ガーリックパウダー、塩

…各適量

2 発酵！じっくり待つべし

生地を表面がなめらかになるまで10分ほどこねる。スケッパーなどでまとめながら打ち粉（コーンミール）をし、生地を丸くまとめて❶のボウルに戻し入れる。ぬれぶきん、ラップの順にかけてオーブンの発酵モードで45分～1時間、2倍の大きさにふくらむまでおく。

作り方

1 もっちりふわふわ 生地を作る！

Aが入ったボウルに**B**と生地の材料のオリーブ油大さじ1を加えて粉けがなくなるまでゴムべらなどでまぜる。大きめの台の上にとり出し、ボウルにはオリーブ油を薄く塗る。

下準備
・ボウルにAの材料を入れてまぜる
・別のボウルにBを入れてまぜ、5分ほどおく
・ピザ用チーズはあらめに刻む
・ピザソースの材料と、
　ガーリックオイルの材料はそれぞれまぜる
・ふきんをぬらして、かたくしぼる

リアル
すぎる
ポイント

ペパロニはなかなか店舗販売しておらず、通販で購入したよ。本気を追求したければ、まずはペパロニをゲットすべし！ チーズはとにかく大量にあらく刻んで散らすことで、チージー度のレベルをマックスに!! きわめつきはアメリカデリバリーピザでは定番のガーリックバターをディップ！

コーンミールがない時は全部中力粉でやってもいいけれど、やっぱりコーンミールのつぶつぶを感じるのがアメリカピザらしいよね！

ガーリックバターはアメリカのデリバリーピザでは定番のディップソースだよ！

BEFORE HEATING

PAPA JOHNS®

SPECIAL

GARLIC

DIPPING SAUCE

INGREDIENTS: SOYBEAN OIL, WATER, SALT, CONTAINS LESS THAN 2% OF HYDROGENATED SOYBEAN OIL, GARLIC*, NATURAL FLAVORS, SOY LECITHIN, VEGETABLE MONO & DIGLYCERIDES, LACTIC ACID, SODIUM BENZOATE (PRESERVATIVE), CALCIUM DISODIUM EDTA ADDED TO PROTECT FLAVOR, CITRIC ACID, BETA CAROTENE (COLOR), VITAMIN A PALMITATE ADDED. *DEHYDRATED CONTAINS: SOYBEAN.

NET WT 1 OZ (28.3 g)

MADE FOR PAPA JOHNS, LOUISVILLE, KY 40299　46956

REFRIGERATE FOR BEST QUALITY

SHAKE,
TEAR & SHARE

3 ピザソースとチーズ、ペパロニをオン！

オーブンを250℃に予熱する。台にコーンミール大さじ1（分量外）を広げて2をとり出し、外側に広げるように両手で直径23cmほどにのばす。オーブン用シートにオリーブ油適量（分量外）を塗って生地をのせ、外側を1cm残してピザソースを塗る。チーズ、ペパロニの順にのせる。チーズがこんがりとするまでオーブンで20〜25分焼く。とり出して、みみにガーリックオイルを回しかける。

ガーリックバター

Papa John'sで注文するとオプションでついてくる、特製ディップソース。にんにくのパンチがきいていて、ピザ自体につけても、みみにつけてもいい！

もっとおいしく、楽しくなっちゃう！
アメリカのディップ紹介して

なにかと「ディップ」することが当たり前なアメリカでディップソースがいっぱい。現地のグローサリーストア見られるよ。ここではそんな「ディップソース大国アメリ」という厳選したものを紹介するよ〜！

ランチドレッシング

アメリカでのディップソース需要の大本命といえる、超国民的ソース。ドレッシングだから野菜スティックやサラダに使うかと思いきや、それらにとどまらないのがアメリカンスタイル。何にでも合うので、ピザやチキン、フレンチフライまでとにかく万能使い。ランチドレッシングなくして、アメリカの食事はフルに楽めません！一見シーザードレッシングにも見えるけど、似て非なるもの。バターミルクや、サワークリーム、エシャロット※、ガーリックパウダーなどが入り、コクと酸味に加え強いうまみを感じるんだ。通販や輸入食品店で買えるので、見つけてみてね〜。

※日本でいう玉ねぎのような風味の、アメリカ定番野菜。

プソースを
みたぁ～！

は、ピザやスナックに合う魅力的な
に行くと、商品棚にずらりと並ぶ光景が
カ」の中でも、これだけははずせない！

ブルーチーズドレッシング

ランチドレッシングと並んでピザ
や野菜、チップスにつける定番ソー
ス。ブルーチーズの鼻に抜ける
風味が、やや酸味をきかせたクリ
ーミーなソースに対してアクセン
トになっているんだよね。とくに野
菜だとセロリスティックやにんじん
スティックなど若干くせのある野
菜につけて食べることが多く、おす
すめ。p.36のバッファローウィン
グのブルーチーズソースはこのド
レッシングに似た風味を再現して
いるよ。主に通販で手に入れるこ
とができるので、気になる人は買
っていろんな料理につけて試して
みてね！

ハラペーニョ

チェダーチーズにハラペーニョの辛さをプラスした、ピリ辛味のディップ。ほんのり辛い程度だけど、刺激がほしい人やお酒好きにはもってこい。

アメリカ限定なんてもったいない！

フリトス専用ディップ

アメリカのチップスで有名なLay's（レイズ）やDoritos（ドリトス）にも専用のディップはたくさんあるけど、中でも紹介したいのがこのフリトス専用のもの。

まずフリトスって何？と思うかもしれないけど、とうもろこしの生産が活発なアメリカで、長く楽しめるようにと開発されたスナック。日本でも有名なスナックがあるけど、あの味に似ているよ。軽く塩けがあり、香ばしい風味でくせがないため、その分いろんな種類のディップソースがあり、これがかなり楽しくおいしいんだ！ アメリカに行ったら必食の3種類を今回は紹介するよ！ いずれも通販で購入可能。

チェダーチーズ

蓋をあけるとチーズクリームの鮮やかなイエローに目が覚めることうけあい。アメリカならではの超濃厚なチーズがシンプルなフリトスにぴったり。

ビーンオリジナル

もったりとしたテクスチャーで、豆の風味を生かしたほどよい塩けが絶妙！ 定番フレーバーで、フリトスを飛び出し野菜スティックなどにも合う。

フルーツにもディップ！ キャラメルディップ

りんごを食べる機会が多いのもアメリカならでは。日本のものほど甘くないからか、こちらもディップ要員としては適任。キャラメルなので香ばしさが強いかと思いきや、スキムミルクやバターも入っているのでミルキーな風味が強く、まさに「キャラメルクリーム」といった感じ。こちらは通販で購入することができるよ。

極限まで
からっからにした
「チキン」

甘辛が
くせになる
「バッファローソース」

アメリカン
チキン バッファ

Buffalo Wings

バッファローウイングとはアメリカはニューヨーク州バッファローで生まれたという、国民的うま辛チキン。現地では毎年大食い大会が催されるほどで（ちなみに日本人の優勝者もいる）、広く知られている食べ物なんだよね！ スポーツ観戦のお供やお酒のおつまみとして楽しむことが多いよ。

ホット！ホット！な ローウィング

作ってみたぁ〜！

材料（2人分）

鶏手羽元、鶏手羽先…各5本
塩、こしょう、サラダ油…各適量
〈バッファローソース〉
　バター…50g
　A
　ホットソース…大さじ3
　トマトケチャップ…大さじ2
　はちみつ…大さじ1

にんじん、セロリ…各適量
〈ブルーチーズドレッシング〉
　ブルーチーズ…30g
　塩、こしょう…各適量
　B
　マヨネーズ…大さじ4
　ヨーグルト…大さじ2
　レモン汁…小さじ1

下準備

・手羽先と手羽元は塩、こしょうを全体に振り、網などをのせたバットに並べ入れ、ときどき返しながら冷蔵室でひと晩ほど表面が乾くまでおく
・オーブンは180度に予熱する
・ブルーチーズは室温にもどす

バッファローウィングはソースはもちろん、この鶏の「からっから感」が必要なんだ！今回はそれをきわめるべくちょっと手間だけどひと晩冷蔵室においてからオーブンで焼いたよ。フライドチキンをからめる人もいるけど、僕ら調べでは「ドライチキン」手法のほうがポピュラーかな。

リアルすぎるポイント

お酒と合いそう〜！く〜！

作り方

1 チキンを焼く！

鶏肉はそれぞれ皮目を上にしてオーブン用シートを敷いた天板に並べ入れる。表面にハケなどで油を塗り、オーブンで20〜30分焼く。

2 バター入りトロトロソースにからめる！

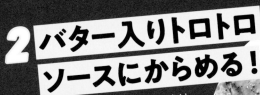

フライパンにバターを熱し、とけたら火を止める。Aを加えてオレンジ色になるまでまぜ、❶を加えてからめる。

3 野菜やドレッシングを添えて完成！

ボウルにブルーチーズを入れ、クリーム状になるまでスプーンなどでまぜる。Bを加えてまぜ、塩とこしょうを振って味をととのえる。器に盛り、セロリやにんじんを添える。

至必場登ューニメ・ベーバ

Pulled Pork

ソースはたっぷり
[汁だく]に

説明しよう！

アメリカのバーベキューといえばプルド
ポーク！かたまり肉をじっくりスモークし
て、たっぷりのバーベキューソースで煮
込み、pullして食べるんだ！あ、pullは引
くっていう意味だけど、フォークでかたま
り肉を裂きながらバンズにのせ、コール
スローと裂きながらバンズにのせ、コール
スローとサンドするのが定番スタイル。

プルドポーク

あえての輸入肉で作る、
[ほどよい「パサつき」]

作ってみたあ～！

―― 材料（作りやすい分量）――
豚肩ロースかたまり肉…600g
A
砂糖…大さじ1
パプリカパウダー…小さじ2
あらびき黒こしょう…小さじ1
チリペッパー…小さじ1/3
塩…小さじ1/2
（バーベキューソース）
玉ねぎのすりおろし…小1/2個分
油…大さじ1
ウスターソース…大さじ6
トマトケチャップ…大さじ1
ガーリックパウダー、
　パプリカパウダー…各小さじ1
黒こしょう…小さじ1/4
砂糖…大さじ1/2
黒糖…小さじ1/2
りんご酢…大さじ1
バンズ…2組
市販のコールスロー…適量

リアルすぎるポイント

「ソースは汁だく！豚肉はなるべく赤身が多いもので！」これがリアルプルドポークへの近道！国産はおいしいんだけど、アメリカの肉肉しいプルドポークを目ざすなら輸入のほうがリアルに仕上がるよ～！プルするときはこまかくしすぎないでね。ちょっとチャンクが残るくらいが食べごたえがあって楽しくていいよ～。

作り方

1 スパイシーな風味を作るべく、下味をじっくりなじませる！

豚肉は余分な脂を切り落とす。肉の繊維を断つように4〜5cm厚さに切って耐熱用のポリ袋に入れ、Aを加えてもみ込む。空気を抜くようにして口をしばる。冷蔵室に1時間以上おく。耐熱用のポリ袋をもう1枚重ね入れて同様に口をしばる。

2 味のかなめ！バーベキューソースを作る！

フライパンに油を熱し、玉ねぎを入れてあめ色になるまでいためる。残りのバーベキューソースの材料をすべて加えてひと煮立ちさせ、5分ほど煮る。

3 スモークのかわりにゆでてじわじわと加熱する！

なべにたっぷりの湯を沸かし①を入れて蓋をし、熱する。途中で水が少なくなったら足しながら肉がやわらかくなるまで弱火で2〜3時間煮る。

4 ソースと煮詰めて完成！

フライパンを強火で熱し、1で切り落とした脂身を入れてとかし、3の口をほどいて肉を入れる。トングなどで表面を返しながらこんがりと焼き色がつくまで焼きつける。中火にし、3のつけ汁と2を加えて煮詰め、器に盛る。フォークなどでほぐし、バンズにコールスローとともにのせる。

砂糖とスパイスが
生み出す
「ピザまん」風味

全米の子どもたちが愛する
ちょっぴり食べづらい!? サンドイッチ

スロッピー

Sloppy Joe

ジョー

具で魅せる
「スロッピー」感

説明しよう！

アメリカの子どもたちが大好きな食べ物、「スロッピージョー」。日本ではあまりなじみがない食べ物だけど、スパイスとトマトソースで煮たひき肉をバンズではさんだ料理なんだ！　ちなみに「スロッピー」とは日本語で「ぐちゃぐちゃ」という意味！　食べたときに具がバンズからはみ出る「スロッピー」な状態になれば正解。

作ってみたぁ〜！

材料（3〜4人分）

牛ひき肉…250g
玉ねぎのみじん切り…1個分
にんにくのみじん切り…1かけ分
オリーブ油…大さじ1
A
> トマトペースト…大さじ2
> トマトピュレ…150ml
> クミンパウダー…小さじ1
> 砂糖、パプリカパウダー
> 　…各大さじ1
> チリパウダー…適量
> りんご酢…大さじ1
バンズ…3〜4セット
バター…適量

リアルすぎるポイント

牛ひき肉を使うことでアメリカらしい肉肉しさが出るよ！ 複雑な味わいはスパイスで、子どもウケする甘ずっぱさはりんご酢と砂糖で表現したよ〜！

きれいに食べようとしなくていいよ〜！

作り方

1 具をいためる！

フライパンにオリーブ油とにんにくを入れて火にかける。ひき肉を加えていためる。肉の色が変わったら玉ねぎを加えていため、透き通るまで熱する。

2 具を煮詰める！

フライパンの余分な油をキッチンペーパーでふきとり、**A**を順に加えてとろみがつくまで煮る。

3 バンズでサンドし食べて「スロッピー」に！

バンズそれぞれにバターを塗る。別のフライパンを熱してバターを塗った面が下になるようにおき、こんがりとするまで焼く。とり出してバンズ1枚に**2**をたっぷりとのせ、もう1枚を重ねる。残りの1組も同様にする。

ピーナッツバターと
ベリージャムの
信じられないコンボ

PB & J

PEANUT BUTTER& JELLY

かけ&やま的
カルチャーショック
「大量すぎるジャム」

食パンの存在が
薄れるくらいがいい
「べったりピーナッツ
バター」

説明しよう！

アメリカ人ならだれしもが食べたことのあるソウルフード中のソウルフード。日本人にはとうてい想像もつかないほど思いきった量のピーナッツバターとジェリー＝ジャムを食パンに塗りたくり、サンドするのが最大の特徴だよ！アメリカの小学生のランチボックスによく登場するんだ。

GRILLED CHEESE

アメリカで
起きている論争
「バターでグリル派か
マヨでグリル派か」

日本では意外と知られていないアメリカで人気No.1のサンドイッチ。家庭でもよく食べられている定番サンドです！ チーズをたっぷりサンドして焼くだけなんだけど、食べたら好きにならずにはいられないよ。ニューヨークには「Murray's Cheese」という名店があるので、旅行や出張の際は立ち寄ってみるのもおもしろいかも！

グリュイエール＆チェダー＆
スライスチーズで
「あふれるチーズプル」

アメリカ
サンドイッチ界の頂点

グリルドチーズ

作ってみたぁ～！

───── 材料（1人分）─────
食パン…2枚
ピーナッツバター…大さじ4
ブルーベリージャム…大さじ4

作り方

1 パンにたっぷりPBとJを塗る

食パン1枚にピーナッツバターを塗り、もう1枚にジャムを塗る。

勇気がある人はジャムをもっと足してもいいんじゃない？

2 サンドしてぎゅっとして切る

ピーナッツバターとジャムを塗った面を合わせ、なじませる。食べやすい大きさに切る。

見て！これが1対1！

リアルすぎるポイント

食パンは薄いものがよくて、日本で買うなら8枚切りがおすすめ。そして、パンのトーストはご法度！ 生パンでお願いしますね。ジャムとピーナッツバターの比率は1：1を目ざし、迷いなくたっぷり塗りたくるのがベスト。

**リアル
すぎる
ポイント**

トースターで焼くので
はなく、フライ返しで押しつ
けるようにフライパンで焼くのが
ポイント。チーズは1人あたり120g
は必須だよ！ これこそがチーズ
プル＝チーズがベローンと出
てくる秘訣なんだ！

このチーズプル！すごいよね。
これはいろんなチーズのブレンド
ならでは。スライスチーズは
とろけるものを使ってね〜。

じわじわバターがとけてきたら、
パンでうまくふきとってね！
ちなみにバターをマヨにかえると
ジャンクな味わいになるよ！

作り方

1 チーズを
サンドする

食パン1枚にバターの半量を塗る。バタ
ーを塗った面を下にしてフライパンにお
き、上からチーズをのせ、もう1枚の食パ
ンを重ねる。フライパンを弱めの中火で
熱し、片面に焼き色がつくまで焼く。

2 フライパンで
グリルする

フライ返しなどで持ち上げ、残りのバタ
ーを入れる。上下を返して蓋をし、チー
ズがとけるまで蒸し焼きにする。

びっくり

アメ

ミートボールスパゲッティ

巨大な肉のかたまりが迫りくる

見てびっくり、食べて「おっと!」な
アメリカグルメを紹介。見た目によらず
おいしいもの、なかなかにエッジがきいた
味わいのものも。作った感想をぜひ教えてね!

リカグルメ

ジェローサラダ

かつて大流行した不思議レシピ

ミートボールスパゲッティ

アメリカではメジャーな料理で、スーパーの冷凍食品コーナーで売られていたり、現地の給食にも出てきたりするひと皿。握りこぶし大の巨大ミートボールがごろんごろんと入ったビジュアルはインパクト絶大。準備は大変だけど、それを上回るおいしさを味わってほしい！

材料（2〜3人分）

〈ミートボール〉

合いびき肉…850g
塩…小さじ2
こしょう…小さじ½
粉チーズ…大さじ4
クリームチーズ…20g
サワークリーム…大さじ1
オリーブ油…大さじ2
イタリアンパセリのみじん切り
　…3枝分
オレガノ…大さじ1
にんにくのみじん切り
　…2かけ分
とき卵…1個
パン粉…大さじ3

〈トマトソース〉

玉ねぎのみじん切り…½個分
にんにくのみじん切り…1かけ分
オリーブ油…大さじ2
A
　あらごしトマト…400g
　トマトピュレ…400g
　トマトペースト…大さじ1
　トマトソース…300g（1缶）
粉チーズ…大さじ1
オレガノ…小さじ1
フレッシュバジル…1枝
塩…小さじ2
こしょう…小さじ½
スパゲッティ…400g

1 作り方

ボウルにミートボールの材料をすべて入れ、まぜる。まとまってきたら10等分してボール状に丸める。

2

フライパンにオリーブ油少々（分量外）を熱する。**1**の半量を並べ入れ、全体に焼き色がつくまでときどき返しながら焼く。残りも同様にする。

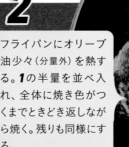

4 **3**に**2**を加えてさらに5分煮込む。スパゲッティを加え、袋の表示より1分短く煮る。全体にまぜる。

3 別のなべにオリーブ油を熱し、にんにくを加える。香りが立ったら玉ねぎを入れて透き通るまでいためる。**A**と塩、こしょうを加えてまぜ、5分ほど煮込み、粉チーズとオレガノ、バジルをちぎりながら加える。

ガーリックトーストにのせて！

───── **材料**（2人分）─────
バター…50g
ガーリックパウダー…小さじ½
イタリアンパセリのみじん切り
　　…適量
フランスパンのスライス…2切れ

1 **作り方**
バターはボウルに入れて室温にもどしスプーンでクリーム状にねる。ガーリックパウダーとパセリを加えてまぜる。

2 パンに**1**をたっぷり塗り、トースターに入れて1分ほど焼く。

アメリカのパスタはこうしてガーリックトーストにのせて食べることが多いんだよね。

ジェローサラダ

ゼラチン系製菓材料で有名なアメリカのブランド
「Jell-O」があみ出したレシピで、1950年代から60年代に
トレンディグルメとして親しまれた、当時は最先端の食べ物。
野菜や缶詰フルーツをライムやレモンといった
さわやかなフレーバーのゼリー＝ジェローで固めるという
おかずでもデザートでもない独特な存在！
正直アメリカでも好き嫌いが分かれているんだ……。
さて、あなたはどっち!?

にんじん＆パイン

―― 材料（直径17cmの型1個分）――
にんじん…1本
パイナップル缶…1缶（約420g）
ジェロー（レモン味）…1箱
アガー…12g
レモン汁…大さじ1

作り方

1 にんじんは皮をむき、ピーラーで3〜4cm長さに切る。パイナップル缶はボウルにあけ、パイナップルだけとり出し、1cm角に切る。シロップが入ったボウルに冷水を合わせて200mlにし、レモン汁とにんじん、パイナップルを加えてまぜる。

2 ジェローの粉末とアガーをなべに入れ、よくまぜる。水1カップを加えて火にかけ、まぜながらとかして火を止め、あら熱をとる。

3 1のボウルに2を合わせる。ボウルの底を氷水に当てながらまぜ、とろみがついてきたら型に流し入れ、冷蔵室で3時間以上冷やし固める。

4 湯に型を10秒ほどつけて上にお皿をかぶせ、上下を返して皿をおき、型をはずす。

ライム＆チーズ

作り方

1 パイナップル缶はボウルにあけ、パイナップルだけとり出し1cm角に切る。シロップに冷水を合わせ、100mlにする。

2 別のボウルにクリームチーズを入れてクリーム状になるまでねりまぜ、マヨネーズと牛乳、シロップ入りの冷水を少しずつ加えながら泡立て器でまぜる。

3 ジェローの粉末とアガーをなべに入れよくまぜる。水1カップを加えて火にかけ、まぜながらとかして火を止め、あら熱をとる。

4 2のボウルに3を少しずつ合わせながら泡立て器でまぜる。ボウルの底を氷水に当てながら、パイナップルとピーカンナッツ、セロリを順に加え、ゴムべらでまぜて冷やす。とろみがついてきたら型に流し入れ、冷蔵室で3時間以上冷やし固める。

5 湯に型を10秒ほどつけて大きめの皿をかぶせ、上下を返して型からはずす。

材料（18cmのエンゼル型1個分）

クリームチーズ（室温にもどす）
　…200g
マヨネーズ、牛乳…各100ml
パイナップル缶…1缶（約420g）
ピーカンナッツ、セロリの角切り
　…各½カップ
ジェロー（ライム味）…1箱
アガー…6g

説明しよう！

サイドディッシュとしてなにかと豆料理を食べることが多いアメリカの人たち。じつは豆料理といっても作ることは少なくて缶詰のできあいのものを食べることが多いんだ！ その中でも今回は昔から知られているポーク&ビーンズという、トマトソースベースのスープに豚肉を入れた豆料理を紹介するよ！ 缶詰では味わえない、できたてをどうぞ～。

Pork & Beans

定番
トマト煮込み ポー

豆は「白いんげん」が
おすすめ

パンは「トーストした
雑穀パン」で
アメリカの
家庭感を演出

サイドディッシュには
やっぱ豆料理っしょ！

ク＆ビーンズ

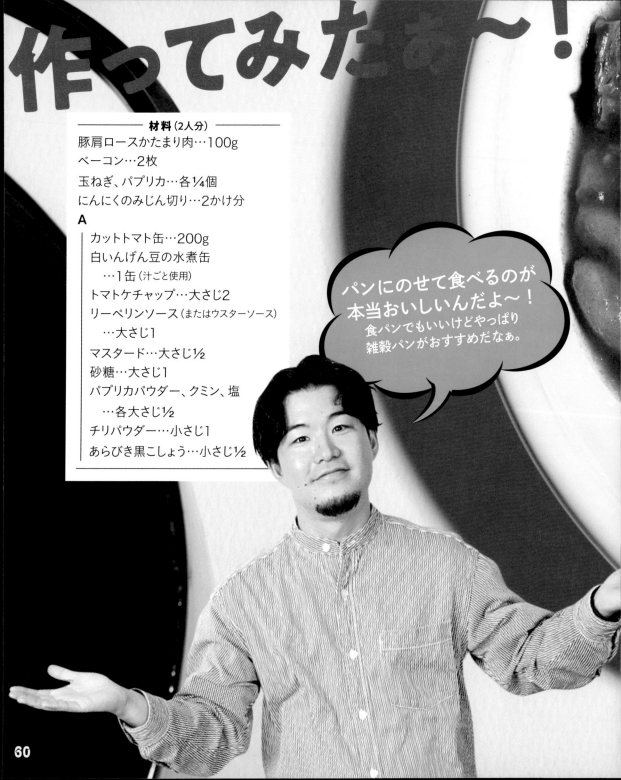

作ってみたぁ〜！

材料（2人分）

豚肩ロースかたまり肉…100g

ベーコン…2枚

玉ねぎ、パプリカ…各¼個

にんにくのみじん切り…2かけ分

A

カットトマト缶…200g

白いんげん豆の水煮缶
　　…1缶（汁ごと使用）

トマトケチャップ…大さじ2

リーペリンソース（またはウスターソース）
　　…大さじ1

マスタード…大さじ½

砂糖…大さじ1

パプリカパウダー、クミン、塩
　　…各大さじ½

チリパウダー…小さじ1

あらびき黒こしょう…小さじ½

パンにのせて食べるのが
本当おいしいんだよ〜！
食パンでもいいけどやっぱり
雑穀パンがおすすめだなぁ。

豆は白いんげん豆を選ぶのがリアルポーク&ビーンズへの鉄則！ほんの少しのチリパウダーやパプリカパウダーが、アメリカ独特のスパイス味がきいた煮込みにしてくれるんだよね。雑穀パンにちょびっとのせて食べるのが本場流！

リアルすぎるポイント

作り方

1 具材を切る！

豚肉は1.5cm角に、ベーコンは1cm幅に切る。玉ねぎとパプリカはあらいみじん切りにする。

2 具材をいためる！

フライパンにベーコンを入れて熱し、カリッとするまで焼いてとり出す。同じフライパンに玉ねぎとパプリカ、にんにくを入れていためる。

3 トマト味にする！

Aを加えてまぜ、ふつふつとしてきたら弱火にする。軽くまぜて蓋をし、ときどきまぜながら30分〜1時間煮る。

アメリカ版日本食を作ってみたぁ～！

材料（2人分）

市販のインスタントラーメン
（めんのみ）…2袋分

〈具〉
ねぎ…½本
ケール…2～3枚
にんじん…1本

〈スープ〉
にんにくのすりおろし…小さじ¼
しょうがのすりおろし…小さじ⅓
ごま油…大さじ1
どんこ（干ししいたけ）…30g
チキンブロス（チューブ）…1個

〈ゴールデンパン粉〉
パン粉…大さじ3
サラダ油…大さじ1

〈トッピング〉
ゆで卵…1個
シラチャーソース…適量

本気度
マックスの
「どんこだし」

エスニック味を感じる
「シラチャーソース」

ラーメンとしては
かなり微妙

下準備
・にんじんはピーラーで薄
切りにし、ねぎは1cm厚さの
斜め切りにする。
・ケールはざく切りにする。
・どんこは、200mlのぬるま
湯でもどす
・ゆで卵は半分に切る

アメリカ版どんこだしラーメン

～ゴールデンパン粉をのせて～

ラーメンはアメリカで食べると1杯3000円以上することも！ 試行錯誤の結果生まれたであろう自家製ラーメンの中でも、フライドオニオンを彷彿させる「ゴールデンパン粉」がのったどんこベースのレシピをチョイス。

たぶん
フライドオニオンと
まちがえちゃった
「パン粉」

作り方

1 フライパンにサラダ油を熱し、パン粉を入れてこがね色になるまでいためる。キッチンペーパーの上にとり出して油をきる。

2 なべにごま油を熱し、にんにくとしょうがをいためる。香りが立ったら水600mlとしいたけをもどし汁とともに加えて強火で熱する。

3 沸騰して5分ほど煮たら、具の材料とラーメンを加える。具がくたっとしたら器に盛り、**1** を散らしてゆで卵をのせ、シラチャーソースをかける。

いや～！
どんこでだしを…！

これがラーメン!?

すし、ラーメン、とんカツなど日本食はアメリカでも大人気！日本ほど手軽に食べられないためおうちで作ろう！という人もいて、日本人顔負けの熱量とアメリカらしい発想を組み合わせたおもしろメニューがたくさんあるんだよね。

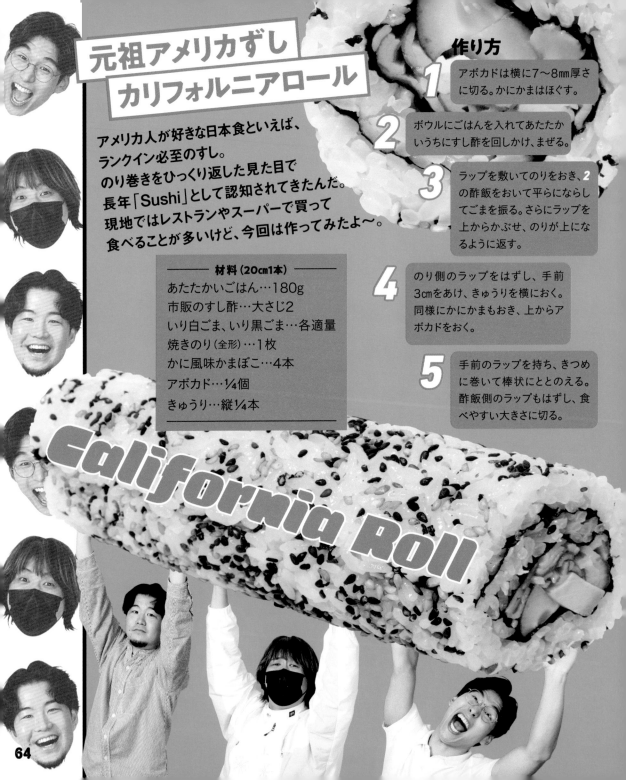

元祖アメリカずし カリフォルニアロール

アメリカ人が好きな日本食といえば、
ランクイン必至のすし。
のり巻きをひっくり返した見た目で
長年「Sushi」として認知されてきたんだ。
現地ではレストランやスーパーで買って
食べることが多いけど、今回は作ってみたよ〜。

材料（20cm1本）

あたたかいごはん…180g
市販のすし酢…大さじ2
いり白ごま、いり黒ごま…各適量
焼きのり（全形）…1枚
かに風味かまぼこ…4本
アボカド…1/4個
きゅうり…縦1/4本

作り方

1 アボカドは横に7〜8mm厚さに切る。かにかまはほぐす。

2 ボウルにごはんを入れてあたたかいうちにすし酢を回しかけ、まぜる。

3 ラップを敷いてのりをおき、2の酢飯をおいて平らにならしてごまを振る。さらにラップを上からかぶせ、のりが上になるように返す。

4 のり側のラップをはずし、手前3cmをあけ、きゅうりを横におく。同様にかにかまもおき、上からアボカドをおく。

5 手前のラップを持ち、きつめに巻いて棒状にととのえる。酢飯側のラップもはずし、食べやすい大きさに切る。

California Roll

とんカツドック

ラグビーボール状ににぎった
ごはんに、のりをしっとりとさ
せて巻きつけ、中心をざっくり
カットし間にとんカツをはさむ。
おにぎりでありながら、食べ方
はホットドック。

アメリカでは「日本人のパワースナック」なレ
おにぎりのレシピが紹介されることが
ちょっと違うけど、明日のお弁当に
入れてみてもいいかも？と思える
斬新アイディアの一部をご紹介

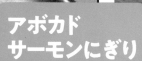

アボカド
サーモンにぎり

具は角切りにしたアボカドと
サーモン。酢飯で包むのでほ
ぼすしなのでは？と思うけど、
一応おにぎり。

Rice Ball

ヴィーガン
焼きおにぎり

ピーナッツとアボカドが具。
酢飯でにぎり、しょうゆ、
酢、はちみつ、ごま油、シ
ラチャーソースをまぜた
たれを塗って「片面だけ」
焼きおにぎりにする。さら
に残ったたれをつけて食
べるというスタイル。

韓国風おにぎり

具はキムチ、左側面は黒白ミック
スいりごま、右側面はふりかけ
に。絵文字のおにぎりを彷彿さ
せる、一部分にペロンと巻かれ
たのりがポイント。

カラフル
ベジタブル
おむすび

生のにんじんとズッキーニ
のチャンクが具になってお
り、ヘルシー志向おにぎり
に。これまた酢飯で、外側
に刻みのりをまぶすという
仕上がり。

2

これが僕らの集大成！

定番すぎる アメリカスイーツを 作ってみたぁ～！

独自の路線で、世界を驚かせてきたアメリカのスイーツ。ビジュアルも味も衝撃的で、現地で食べたあの味、あの食感、をどうしてももう一度味わいたい。そんな強い気持ちで僕らKevin's English Roomは幾度となくアメリカのお菓子作りにトライしてきました。失敗したり、思うようにいかないことも。そして、ついにできました。アメリカ人も思わずノスタルジックに浸ってしまうだろう仕上がりの定番スイーツの数々が。ハイカロリーの嵐、ここからはさらに覚悟してごらんください！

Chocolate Brownie

日本版コーンシロップ、
水あめとたっぷりの
砂糖による
「ねっちょり生地」

ねっちょり

中力粉が生み出す
「むっちり感」

日本では出会えない
ケビンが切望する
ブラウニー

作ってみたぁ～！

材料 （18cm×18cmのスクエア型1個分）	
チョコレート…140g	水あめ…35g
バター（食塩不使用）…100g	卵（Sサイズ）…2個
グラニュー糖…80g	中力粉…85g
黒糖…25g	ココアパウダー…25g
	塩…小さじ¼

リアルすぎるポイント

僕らが動画で作ったときは、アメリカ人には広く知られている手作りキットを使ったんだけど、今回は理想の食感を求めてイチから作ってみたよ。大量のグラニュー糖がすでに甘みと濃厚さを引き出しているんだけど、より「ねっちょり」とした食感を出すべくコーンシロップの代わりに水あめを投入！これこそがケビンが追い求める理想の食感につながる秘策なんだ。

下準備
・型※の内側にバターを薄く塗る
・オーブンを170度に予熱する
※フッ素樹脂加工のものを選んでください

アイスクリームのっけちゃう!?

作り方

1 ねっちょりのもとを作る！

大きめのボウルにチョコレートとバター、水あめを入れて湯煎にかけ、泡立て器でまぜる。湯煎からはずし、卵とグラニュー糖、黒糖を加えてなめらかになるまでまぜる。

やっと出会えた〜これよ〜〜！

2 粉類と合わせて、生地を作る！

中力粉とココアをふるい入れ、塩を加えて粉けが見えなくなるまでさらにまぜる。

3 じっくりベイクする！

型に流し入れ、オーブンで20〜25分焼く。表面が乾いてきたらケーキクーラーにのせてあら熱をとる。型からはずし、好みの大きさに切る。好みでアイスクリームやチョコソース、チェリーをのせる。

これはカロリー爆弾だ〜！

2

CHOCOLATE CHUNK COOKIES

チョコチャンク

水あめ効果で
「チューイー」に！

これはクッキーというより、甘食に近い重厚感とうっかり歯にくっつきかねない粘りけがあるんだよね。そして日本で売られているものにくらべて大きいんだ！チョコチャンククッキーはチョコチップではなくゴロゴロとチョコレートの破片が埋まっているもので、作るときはアメリカブランドのチョコレートを使うとより本場感が出るよ！

ゴロゴロチャンク
チョコレートは
「アメリカのものに
尽きる！」

超BIG！
夢あふれる
クッキー

作ってみたぁ〜！

材料（9個分）

〈生地〉
- 板チョコレート…100g
- バター…90g
- 黒糖…30g
- グラニュー糖…40g
- 水あめ…40g
- 卵（Sサイズ）…1個
- バニラエッセンス…小さじ1

〈粉類〉
- 中力粉…135g
- コーンスターチ…小さじ2
- 重曹、塩…各小さじ½

好みの板チョコレート…50g

下準備
- オーブンを180度に予熱する
- バターは室温にもどす
- 天板にオーブン用シートを敷く
- 粉類はまぜてふるいにかける
- チョコレートはあらく砕く

リアルすぎるポイント

ブラウニー同様、粘りを出すべく水あめを投入！チョコチャンクにはアメリカではおなじみハーシーズを使ってみたよ。アメリカのチョコレートはより甘みが強くより本格的な風味を出すにはうってつけ。

作り方

1 水あめオン！チューイーな クッキー生地を作る

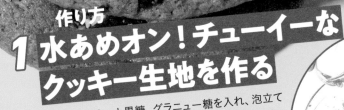

ボウルにバターと黒糖、グラニュー糖を入れ、泡立て器でまぜる。なめらかになってきたら水あめ、卵、バニラエッセンスを加えてさらにまぜる。粉類を加えて粉けがなくなるまでまぜ、チョコレートを加えて全体になじませる。

2 3個ずつ 根気強く焼く！

⅛量をスプーンですくい、天板に3個ずつ15cm間隔でおく。直径6cmほどにまるくととのえ、好みのチョコレートをのせて、オーブンで8〜10分焼く。残りも同様にし、合計9個焼く。

これはアメリカの人気クッキー「Chips Ahoy!（チップス・アホイ！）」のチューイータイプに食感がそっくり！

本当においしかった！ハック

見た目はハード！でも味は意外といける！
という「ハックフード」の数々が
アメリカのSNSを中心に大バズり！
僕らもさまざまなハックフードレシピにトライしてきたけど、
その中でこれは試してほしい！というものを紹介するよ〜！

マックフルーリーハッシュブラウン

某有名ファストフード店のハッシュドポテトにクッキー＆クリームフレーバーのアイスクリームをのせるとできるという、アメリカのSNSで大バズりした攻めに攻めた食べ物。市販のハッシュドポテトとクッキー＆クリームアイスでも作ることができるよ。

なぜか感じる
「メープル味」

あっという間に
くずれてしまう
「賞味期限
数分問題」

材料と作り方

ハッシュドポテト1枚の上にアイスクリーム（クッキー＆クリーム味）適量をのせる。ハッシュドポテトをもう1枚重ねる。

フードレシピ

カーダシアンファミリーと
セレーナ・ゴメスが推す
「意識高い系」レシピ

「アーモンド
ミルク」が生む
衝撃のおいしさ

アボカドプディング

材料と作り方

アボカド1個は、種を除いて実をスプーンでくりぬき、ミキサーに入れる。きび糖大さじ1とアーモンドミルク½カップ、はちみつ小さじ2を加えてなめらかになるまでかくはんする。

アメリカ屈指のセレブ一家「カーダシアンファミリー※」が食べたことで知名度が上がったヘルシーおやつ。日本でも人気のポップシンガー、セレーナ・ゴメスも好きだということで話題に。アボカドときび糖などをミキサーにかけるという簡単なものなんだ。プディング＝アメリカのプリンは日本でいうプルッとしたものではなく、ドロッとしたクリーム状のものをさすよ。

※エンターテインメント、ファッションデザイン、ビジネスの分野で活躍する、アメリカでは知らない人はいない超有名家族。コートニー、キム、クロエ、ケンダル、カイリーの異父姉妹と母クリス、彼女らを取り囲む人々との間で起こる「お騒がせ」な事件が注目されがち。同時に彼女たちが持つもの食べるものはいつもトレンドの最先端に！

アメリカ人も
超納得

クッ

説明しよう！

アメリカオリジン、アメリカ人ならみんな知っているポピュラーなケーキ。日本ではほぼお目にかかれないけれど、スーパーのベイクドコーナーに行けば積み上げられているクッキーケーキに会えるよ！アメリカではおなじみのクッキー生地＝クッキードウを焼き上げて、その周りをほぼ粉砂糖でできているクリーム「フロスティング」ですき間なく埋めていくのがド定番。

COOKIE
CAK

キーケーキ

クッキーでもなく
ケーキでもない
「絶妙な食感」

日本のレシピ本
史上衝撃の
「大量の粉砂糖」

作ってみたぁ～！

材料（直径24㎝の型1枚分）

〈クッキードウ〉
- バター…80g
- 黒糖…20g
- グラニュー糖…40g
- 水あめ…40g
- 卵（Mサイズ）…½個
- バニラエッセンス…小さじ1
- チョコチップ…100g

〈粉類〉
- 中力粉…125g
- コーンスターチ…小さじ1
- 重曹…小さじ½
- 塩…小さじ¼
- バター…適量

〈フロスティング〉
- バター…200g
- 生クリーム（47%）…大さじ3
- 粉砂糖…400g
- ココアパウダー…40g
- **A**
  - バニラエッセンス…小さじ2
  - 塩…小さじ½
- アラザン…適量

下準備
- ・オーブンは180℃に予熱する
- ・バターはすべて室温にもどす
- ・粉類はまぜる
- ・型の底と、側面に合わせてオーブン用シートを切って敷く
- ・水あめはかたい場合、電子レンジで10秒ほど加熱しやわらかくする

リアル
すぎる
ポイント

クッキーって聞くとサクッとした食感の生地を想像すると思うんだけど、生焼けのクッキー生地に近い、食べてみないとわからない絶妙な食感なんだ。ちなみに僕たちが作ってみたときは、中心が本当に生焼けになって失敗！理由はどうやら型のサイズに対して生地が多かったからみたい。ぜひ型のサイズと生地の量は守って作ってみてね〜。

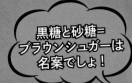

黒糖と砂糖＝
ブラウンシュガーは
名案でしょ！

作り方

1 クッキードウを作る

ボウルにバターと黒糖、グラニュー糖を入れ、電動泡立て器でまぜる。なめらかになってきたら水あめ、卵、バニラエッセンスを加えてさらにまぜる。粉類をふるい入れて粉けがなくなるまでまぜ、チョコチップを加えて全体になじませる。

この厚さがとても重要！チョコチップが生地から飛び出るギリギリを攻めて！！

2 じっくり理想の
焼きかげんまでベイクする

型に入れ、1cm厚さにならす。オーブンに入れて12〜14分焼く。ケーキクーラーにとり出して冷ます。

3 絶対不可欠の
フロスティングを作る

フロスティング用のバターをボウルに入れて、泡立て器でクリーム状になるまでまぜる。Aを合わせてから加え、粉砂糖とココアパウダーを数回に分けてまぜながら加える。生クリームを少しずつ加えながらつどまぜる。

4 フロスティングを
ていねいにしぼる

2を型からはずし、しぼり出し袋に3を入れてクッキーケーキのふちに沿ってぐるりと一周細かくしぼる。アラザンを振りかける。

粉砂糖と
ココアパウダーは
少しずつ加えると
うまくまざるよ〜！

最後まで甘さには
手を抜かない
「たらす
チョコレートソース」

国民的フレーバー
「クッキー&クリーム」

スポンジにアイスの
かたまりをドッキング！

アイスクリーム

下はスポンジ、アイスクリームの塊がどん！そしてたっぷりの生クリームをコーティングする、これこそがクッキーケーキと並んでポピュラーな「アイスクリームケーキ」なるもの。とくにこだわるべきは中のアイスクリーム。フレーバーをクッキー＆クリームにするのが本場アメリカンスタイルなんだよね。仕上げに周りにチョコソースのウェーブを作れば、これぞ定番のアイスクリームケーキの完成ってわけ！

Ice Cream Cake

ケーキ

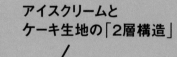

アイスクリームと
ケーキ生地の「2層構造」

作ってみたぁ～！

── 材料（直径15cmの型1台分）──

市販のチョコスポンジケーキ
（直径15cmのもの）…1台

アイスクリーム
（あればクッキー＆クリーム）…500ml

オレオ…6枚

〈ホイップクリーム〉
生クリーム…300ml
砂糖…大さじ1½

〈チョコソース〉
チョコレート（ダーク）…40g
ココアパウダー…10g

A
生クリーム…25ml
バター（食塩不使用）…55g
グラニュー糖…25g
塩…2つまみ

下準備
・オレオは手で大きめに砕く
・スポンジケーキは6cmの高さに切る
・バットと型、それぞれにラップを大きめ
　に切って敷く
・しぼり出し袋を二つ用意する

作り方

1 仕上げのチョコソースの準備を先にする！

小なべに**A**を入れ、グラニュー糖がとけるまでまぜる。ふつふつとしたら火を止め、チョコレートを加えて全体にまぜ、ココアを加えて粉けがなくなるまでまぜる。

2 土台のケーキを作る！

バットにスポンジケーキをのせ、**1**の¼量をスプーンなどで塗りのばす。上からオレオを全体に敷きつめてラップで包み、冷凍室で30分ほど冷やす。

3 アイスをカッチカチに詰めて冷やす

アイスクリームを容器からとり出して、型に詰める。高さ6cmになるようにスプーンなどで押しつけるようにして表面をならし、冷凍室で1時間以上冷やす。

4 コーティングの生クリームを作る！

ボウルにホイップクリームの材料を入れて、底を氷水に当てながら泡立て器でまぜ、つんと角が立つまで泡立てる。

5 スポンジと生地を合体！周りをととのえてさらに冷凍室で固める！

2を台にとり出してラップをはずし、3を型からはずして上から重ねる。4の2/3量をゴムべらで全体に均一に塗り広げる。一度冷凍室に戻し入れる。

今回はよりアメリカナイズすべくフレーバーはクッキー&クリームにしたよ！ スポンジ、アイスの2段構造はもちろん、最後のチョコレートソースはしぼり出し袋に入れてゆっくり慎重に。ゆるめのチョコレートソースをだら〜っとたらすとよりリアルな仕上がりに！

リアルすぎるポイント

アイスがとけそうになったらすぐに冷凍室に戻してしっかり固めてね〜

6 慎重に！生クリームとチョコレートでデコレーションする！

4の残りをさらに泡立て器で七分立てにし、しぼり器に入れ、1は別のしぼり出し袋に入れる。チョコレートをケーキの外側に回しかけ、ケーキの周りに沿うように、生クリームを細かくしぼる。

Twizzlers
トゥイズラーズ

通販オンリー

> アメリカの友達は美味しそうに食べてたけど、僕はいまいちだったな〜

> 僕はちょっと苦手だった…！

> 似た味のお菓子が何種類かあるよね！アメリカにホームステイした時に散々食べさせられた記憶…。苦い思い出です。

味覚のカルチャーショック

日本には馴染みのないお菓子がたくさん！Twizzlers（トゥイズラーズ）もそのひとつ。小麦粉やアメリカ版水あめのコーンシロップ、パーム油などをねり上げた駄菓子で、チェリー味、ストロベリー味、グレープ味などフレーバーは多種多様。なかなかくせのある独特な風味で、それがTwizzlersの特徴でもあるんだけど、アメリカ人にとっては懐かしい気持ちを呼び起こすみたい。

日本ではあまり見かけない アメリカの定番すぎる

Tootsie Roll
トッツィーロール

通販オンリー

> この食感が忘れられない！

> 日本育ちの僕にとってもなぜか懐かしい味でおいしい！

> どこか優しい味。ちょっと硬めの食感がいいよね〜。

超ロングセラー

ユダヤ系オーストリア人の移民であり、ニューヨークでお菓子屋さんを営んでいたという創業者が自分の娘の愛称である「トッツィー」から名づけたという、トッツィーロール。1900年代前半からのロングセラー商品なんだ。チョコレート味のキャラメルなんだけど、いわゆる日本のチョコレート味でやわらかいキャラメルというよりはココアっぽい風味のややハードな食感。まずは口に入れてやわらかくなるのを待ってからかむようにしてね。

国民的お菓子

アメリカのキャンディといえば、ふれずにはいられない国民的お菓子。キャンディといってもソフトキャンディに近い食感。アメリカ生まれかと思いきや、イギリス生まれ。1970年代に輸入して以降、1980年代から自国でも生産を開始したんだ。グレープ、グリーンアップル、レモン、ストロベリー、オレンジといったフルーツ味の糖衣をまとっているよ。スキットルズの由来は同じ名前のボウリングのようなイギリスのスポーツで、ピンとキャンディを横から見た形が似ていることから同じ名前にしたそう。

実はサワー味もあって、僕はそれが好きだった！

大学時代に初めて食べて、それ以来大好き！

「ザ・アメリカ」って感じの見た目だよね笑 カラフルで楽しいね。

輸入食品店
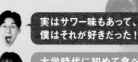
Skittles
スキットルズ

おやつ 紹介してみたぁ〜！

リーシーズ
Reese's
通販オンリー

リピートしたい味

日本でもお馴染みのチョコレートブランド「ザ・ハーシーズ・カンパニー」が製造・販売している人気商品。1920年代にできたお菓子で、昔は「ペニーカップ」と呼ばれていたほど、とっても手軽で庶民的なお菓子だったんだそう。現在のアメリカでも売れに売れ続けている国民的チョコレート菓子なんだ。ピーナッツバターカップと呼ばれるピーナッツバターフィリングをチョコレートでコーティングしたもので、ピーナッツバターのしょっぱさと濃厚な甘さのチョコレートとのコンビがくせになるよ。カロリーはちょっぴり怖いけどね〜。

1度に5つは余裕で食べられる。

アメリカのお菓子の中でトップクラスに好きだな！

めっちゃいろんな商品とコラボしてるよね（笑）アメリカのチョコの中では甘くない方かな。

PART 3

やってみよう！
1週間ア

僕たちのYouTubeで人気のこの企画に
皆さんもぜひトライしてみてね！
僕たちが実際に挑戦したラインナップを
少しアップデートして紹介。
これまで出てきたメニューが
たくさん登場するので
作りながらやってみてね。それでは
1週間アメリカ食生活スタート！

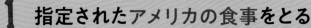

ルール

1 指定されたアメリカの食事をとる

2 指定がなければ飲み物はなんでもOK、
でも世界観をキープすべく
アメリカっぽいものを飲むのがよい

3 5日目以降は終わったあとに
何を食べようかと想像する

メリカ食生活
スタート

— Breakfast —

**パンケーキ、ホイップ＆
ブルーベリートッピング、
メープルシロップがけ、
オレンジジュース**

豪華な朝ごはんからスタート。ニューヨークのビルズにいる気分だね！オレンジジュースは生のオレンジをしぼってつぶつぶ入りにするのもアメリカっぽいね〜。

— Lunch —

**ホットドッグ、チップス、
ピクルス、コーラ**

つけ合わせのポテチに驚くなかれ！アメリカでは定番のサイドメニューで、家庭でも登場するよ！

— Dinner —

**ハンバーガー、
フレンチフライ、ドリンク**

ハンバーガーは好きなものでOK！2食連続のサイドメニュー「揚げたいも」はアメリカ食生活の中でもあるある。

初日は余裕で
乗り越えられる！

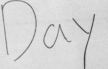

Day 1

> まだまだ楽しい。
> 「アメリカの
> 普通の食事」を
> ご堪能あれ。

Day2

— Breakfast —

クリームチーズベーグル

クリームチーズの分量は多めに、
ベーグルは生ではなく必ずトース
トするのがアメリカ流。

— Lunch —

BLTサンド、
チップス、コーラ

ベーコンレタストマトサン
ド、BLT。そしてまた出て
きたサイドメニュー、チッ
プス。2日目にして、この
チップスの存在が大きい
ことに気がつくであろう
…！

— Dinner —

ペパロニピザ

ここでついに登場、ピザ！なんでもない
日に食べる幸福感を味わって。この時
点でもまだまだいける。

— Breakfast —

シリアル、牛乳

子どもも大人も王道の朝ごはん、シリアル&牛乳。もちろん好きなシリアルを選んでいいけど、虎のキャラクターで有名な、ケロッグの「フロステッドフレークス」なんてのを選ぶと本場っぽい。

— Lunch —

コーンドッグ、黄桃、コーン、ハッシュドブラウン

コーンドッグはアメリカンドッグ、ハッシュドブラウンはハッシュドポテトのこと。仕切りのあるプラスチックのお皿にのせるとよりそれっぽい。

ランチはキッズ度強め。目をつぶると、黄色のスクールバスに乗る自分が見える気がする。

— Dinner —

ステーキ、フレンチフライ、シーザーサラダ

アメリカでよくある3点セット。たっぷりのサラダにほんのちょっぴり救われる。

DAY3

91

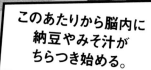

このあたりから脳内に納豆やみそ汁がちらつき始める。

─ Lunch ─

ナチョス

アメリカ食に欠かせないのがメキシカン要素。どっさりのレタスを敷くだけで、ヘルシーという錯覚に陥る。

─ Breakfast ─

ロールパン、スクランブルエッグ、カリカリベーコン

日本でもいたって普通な組み合わせ。しいていうならベーコンをカリカリにすることがアメリカン。

─ Dinner ─

にんじん&ブロッコリー入りマッケンチーズ

4日目にしてようやく登場、マッケンチーズ。申しわけ程度のゆでたにんじんとブロッコリーがありがたく感じる。ここでは即席マッケンチーズのもと（p.15）を使うのが賢明。

— Lunch —

ハムサンドイッチ、にんじんスティック、ゆでブロッコリー、コーラ

お弁当として定番の手作りサンドイッチ。パンはトーストせずに、生食パンスタイルでお願いします！にんじんやブロッコリーもソースはつけずに食べるのがアメリカン王道ランチスタイル。

— Dinner —

スロッピージョー、バニラアイスクリーム

日本人も好きであろう本場で大人気のスロッピージョーに歓喜。作り方はp.44に。ドリンクは指定ないけど、ここまで来たらコーラにしよう！

— Breakfast —

ポップターツ

日本人はほとんど知らない、アメリカ定番の朝食。ソフトクッキーのような生地に、ベリー系やチョコレートのペーストのようなものがはさみ込まれており、上にはフロスティングがたっぷり。朝から刺激的な甘さがあなたを襲うでしょう。

Day 5

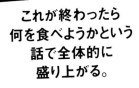

これが終わったら何を食べようかという話で全体的に盛り上がる。

ここを過ぎたら
最終日！

DAY 6

— Breakfast —

ブルーベリーマフィン、牛乳

ブルーベリーマフィンが見つからないときは、別のマフィンでもOK。牛乳がないとのどにつかえてしまうのでマスト。

— Lunch —

PB & J、にんじんスティック、りんご

アメリカのランチあるある。紙袋にボンボン入れてお母さんに持たせてもらう組み合わせNo.1。PB & Jはもちろん、p.50の作り方を参考に。

— Dinner —

ミートボールスパゲッティ、ガーリックトースト

準備するのが大変。だからこの日ばかりは誰かを誘って食べよう。もちろんガーリックトーストにパスタをのせるのは忘れずに。

— Lunch —
グリルドチーズ、トマト系スープ

最終日の昼は、サンドイッチ界の王様グリルドチーズ。サイドメニューの代表格であるトマト系スープを添えて。

— Breakfast —
シリアル、牛乳

またしてもシリアル＆牛乳。もうこの組み合わせには慣れたもんですよね！

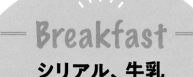

— Dinner —
ハンバーガー、フレンチフライ、ドリンク

最後のディナーだからこそ原点回帰すべくこのセット。1週間に2回ハンバーガーはありえる話！

どうだったかな？これがリアルなアメリカ人の食生活なんだ。ボリュームの多さや日本ではめぐりあえない味に驚きっぱなしだったよね！今回だけでは紹介しきれなかったものもたくさんあるので、今後も僕らの動画を見てね〜。

おかえりなさい、祝・帰国！

ゴール!!

装丁・デザイン	野澤享子
	（パーマネントイエローオレンジ）
料理・スタイリング	ダンノマリコ
撮影	佐山裕子（主婦の友社）
DTP制作	天満咲江、松田修尚（主婦の友社）
編集	山田萌絵
編集デスク	町野慶美（主婦の友社）

制作協力　辻井敬太（PPP STUDIO株式会社）

全米が納得！
リアルにもほどがある
アメリカグルメ作ってみたぁ〜！

2024年4月30日　第1刷発行

著者	Kevin's English Room
発行者	平野健一
発行所	株式会社主婦の友社
	〒141-0021
	東京都品川区上大崎3-1-1
	目黒セントラルスクエア
	電話03-5280-7537
	（内容・不良品等のお問い合わせ）
	049-259-1236（販売）
印刷所	大日本印刷株式会社

■ 本のご注文は、お近くの書店または主婦の友社コールセンター（電話0120-916-892）まで。
＊お問い合わせ受付時間　月〜金（祝日を除く）
10:00〜16:00
＊個人のお客さまからのよくある質問のご案内
https://shufunotomo.co.jp/faq/